Émile
Verhaeren

Petites
légendes

Le Pèlerin

Mêlant des fleurs à des ciguës,
Et des jurons à ses prières,
Il trimballe, par les bruyères,
Le pèlerin, vers Montaigu.

Il va traînant, par les sablons,
Ses vieux souliers, où l'on a mis du plomb.

Il marche et souffre, et pour que Dieu l'exauce,
Et pour que Dieu et sa Mère soient doux,
On a fourré du houx,
Dans ses manches et dans ses chausses.

Le malade qui vers le ciel l'envoie
Tousse, là-bas, au fond des fermes :
La nuit, dans sa terreur l'enferme.
Sous la lune, parmi les bois,
Les chiens aboient ;
Le malade se sent perdu
Si sa prière n'est entendue,
Par la Dame de Montaigu.

Quand il partit, le pèlerin,
Le clair matin
Baptisait l'ombre, avec de la rosée ;
Le coq chantait de sa voix angoissée,
Le vieux chaudron, qui balle, dans la tour,
Disait bonjour au jour ;
Et les servantes molles
Bâillaient et s'étiraient encor,
Dans les greniers, où palpitaient au vent de folles
Folioles, contre les carreaux d'or.

Au premier bourg qu'il traversa,
Le pèlerin surprit,
Sur la place, chanter et trépigner la fête
Soûle et rouge des conscrits.
Ils arboraient des fleurs à leurs casquettes ;

Ils saccageaient, avec des baisers gras
Et les doigts gourds le corsage des filles ;
Le pèlerin s'assit près d'eux, grave et tranquille,
Mais d'un seul coup, il but le verre qu'on lui tendit.

Au second bourg, à l'église, sonnait midi.
Une noce sortait de la ferme d'en face :
En blouse roide et bleue, en souliers clairs,
Des gars offraient le bras aux commères salaces.
À l'enseigne du *Lapin Vert,*
De gros buveurs, en manches de chemise,
En attendant que la table fût mise,
Riaient et se gorgeaient. Ils crièrent au pèlerin
De prier Dieu pour eux, mais de trinquer un brin,
D'abord, à la santé de Notre-Dame.
Le pèlerin s'assit et, longuement, il but
Au salut de leur âme.

Au dernier bourg, quand il parut,
La kermesse sautait, chantait, ruait de joie,
Couples noués, à travers le village.
Les violons grinçaient, sous une ormoie ;
Des vieux dansaient des danses hors d'usage,
Ou posément fumaient des pipes blanches
Et sans tache, comme un dimanche.
Lorsque le pèlerin passa,
L'un d'eux lui dit : « Bonhomme,
Tu es chrétien ; la bière est bonne ; et nous sommes
De ceux qui vont, à chaque automne, où toi tu vas. »
Le pèlerin remercia,
But largement à perdre haleine
Et repartit, en titubant, le long des plaines.

Le soir semait déjà sa cendre sur les chaumes.
Au loin, s'arrondissaient l'abside et le grand dôme,
Plein d'étoiles, de Montaigu.
Dans les fermes, les feux aigus
Des lumières brillèrent.
Le pèlerin prit le chemin du cimetière,
Et sans que nul ne vit sa marche et ses faux pas,
Il pénétra dans la chapelle, qu'il referma.

2

Notre-Dame régnait en robe de dentelle,
Avec des yeux de cire et des béquilles
Et des plaques d'argent et des coquilles
De nacre et d'or, autour de son autel.
Elle sourit à voir le pèlerin lui murmurer :
« Bonne mère de nos contrées,
Si je ne marche pas très droit,
Si mes yeux lourds ne voient
Que vaguement ton doux visage,
C'est que je suis moins aisément un sage
Que toi, qui ne sors pas de ton dôme de feu.
Certes, je me suis trop complu à boire un peu,
Mais il s'agit et de mon maître
Et de son fils qui meurt
Crachant le sang et les humeurs.
La fièvre court par tout son être.
Je me souviens de tout : de semaine en semaine
Il a fait trois neuvaines
Le soir, avec nous tous, depuis un mois.
Il est très bas. Et hier, ses bras semblaient de bois
Et ses deux mains semblaient sans veines
Sous la lampe, dès qu'il priait ;
On l'eût dit mort, quand il dormait,
Dans la chambre, où l'on mit, l'an dernier, les aveines.
C'est à pleurer si l'on songe qu'il a déjà
En bien propre, cinquante arpents de par sa mère
Et que son père est vieux, comme un calvaire.
Sainte Vierge, sois-lui bonne, je parle bas,
Je ne t'affirme rien que la vérité franche,
Tu peux tâter : j'ai conservé,
Malgré le mal que j'en aurai,
Le plomb dans mes souliers et le houx dans mes manches. »

Quand il sortit, le pèlerin
Heurta le sacristain
Qui accourait fermer le sanctuaire.
La lune était levée. Et les bruyères
Étaient pâles et bleues,
Immensément, de lieue en lieue…

Il retourna sans trop savoir
Par quels chemins, vers son village.
Les Angélus tintaient. Leurs martelages
Frappaient les échos lents des soirs.
Sa tête était calmée. Il entendit encor
Au fond des bourgs, hurler les orgues d'or
Et trépigner la danse en sabots lourds ;
Mais il reprit la route et resta sourd
À l'appel fou des kermesses lointaines.
Sur des feuilles, dans un fossé,
Les pieds en sang, les bras blessés,
Il s'endormit un peu. Les plaines
Glorifiaient le silence des nuits.
Et l'aube enfin parut, quand il revit
La ferme, où l'attendaient son maître et le malade.

Un vieux berger qui menait en ballade
Quatre dindons et trois brebis
Cria soudain : « Il est guéri, il est guéri !
Notre-Dame fera le reste. »
Le blanc meunier faisait des gestes,
Par la lucarne du moulin.
On accourait. Le village était plein
De commères causant, au pas des portes ;
Une bande de gamins fit escorte
Au pèlerin, quand il entra.

À le voir devant lui, le malade pleura.
Le pèlerin lui dit : « C'est pas ma faute,
Si la Dame n'était puissante et haute
Et pardonnante à tous, j'aurais prié en vain. »

On lui servit du lard et des boudins
Et de la bière en de grands verres.
Il dit : « Celle qu'on boit dans la bruyère
Est meilleure. J'en ai bu tant que j'étais soûl.
Mais je gardai le plomb, mais je gardai le houx.
Allez ! soyez sans peur, je ne trahis personne,
Je réussis toujours, et je suis homme
À m'en aller, pour vous guérir, prier à Rome. »

4

Le malade parla : « C'est par trois fois,
À l'aube, au soir et à midi,
Que j'ai senti la vie
Rentrer et refluer en moi. »
Le pèlerin reprit : « Trois fois, j'ai bu à même
Des brocs luisants et clairs, comme un baptême. »

On rit,
On ne discuta rien, le gars était guéri.
C'était fête, c'était dimanche.
Le pèlerin vida ses poches et ses manches.
La servante reprit le houx – et le fermier,
Avec un geste grave, aligna vingt deniers.

Les Petits Vieux

En mon pays, au bord d'une route, deux saules tordus
et rabougris se penchent l'un vers l'autre, comme
s'ils se parlaient. On les appelle « Les Petits Vieux ».

Le petit homme s'en est allé,
Sarreau déteint, bâton pelé,
Le petit homme poussif et las
S'en est allé, là-bas,
Vers sa commère, en tapinois,
Vers sa commère qui l'appelle
De la venelle
Au bout du bois.

Dites, peut-on s'aimer ainsi,
– Branches tortes, branches mortes –
Peut-on s'aimer avec ces yeux
Avec ces pauvres yeux si vieux,
– Branches tortes, branches mortes –
Peut-on s'aimer, en raccourci,
Avec des corps si rabougris ?

L'hiver est un grand bloc de froid
Où sont sculptés clos et villages,
Avec leurs chemins creux et leurs sillages,
Et l'horizon désert et des marais, là-bas.

– Branches tortes, branches mortes –
Les pauvres vieux sont tout petits,
Dans l'immensité grise et morne
De la bruyère où l'autan corne,
Les pauvres vieux se sont blottis
À contre vent, dans un fossé,
Et se disent, à petits gestes,
Leur vieil amour et ce qui reste,
– Branches tortes, branches mortes –
De leur passé.

« C'était elle la plus belle
– Fleurs nouvelles, fleurs mortelles –
Que l'on choisit, au temps
Où le vieux roi passa par Saint-Amand,
En cortège superbe et superbe tenue,
Pour lui lire le compliment
Et souhaiter, adroitement,
À sa suite, la bienvenue. »

« – Fleurs nouvelles, fleurs mortelles –
C'était elle la plus belle
Qui fut élue, avec la reine,
Comme marraine,
Le jour qu'on baptisa, comme des mioches,
Les cloches. »

« – Fleurs nouvelles, fleurs mortelles –
S'en souvient-il encor ?
Il était jeune et des dragonnes d'or
Se balançaient alors
Au pommeau clair de son épée ;
Les galopées
De son cheval, le front fleuri
Des thyms et des genêts de la bruyère,
Foulaient les cœurs, quand il rentrait de guerre,
Vers les filles de son pays. »

– Branches tortes, branches mortes –
Les pauvres vieux longtemps s'oublient
À remuer, avec mélancolie,
Ce passé mort, depuis quels temps ?
Le froid les prend, le froid les gerce,
Le froid les tient, le froid les berce ;
Les pauvres vieux sont las et lents
Ils ne voient pas le grand froid blanc
Sculpter ses blocs dans la campagne !

– Fleurs nouvelles, fleurs mortelles –
Ils se sont joint les mains et se rappellent
Aussi le soir qu'il la choisit pour sa compagne.
C'était près du foyer, dans la maison ;

Il prit deux beaux tisons
Tout coruscants de feux et d'étincelles ;
Il les unit et la flamme fidèle
Les envahit et lentement les consuma.
Elle comprit et lui abandonna,
Dès ce jour-là,
– Fleurs nouvelles, fleurs mortelles –
Tout ce qu'une fille puissante et blonde
Pouvait donner de joie et de jeunesse au monde.

Ils vécurent, superbement,
Avec leur chair, avec leur sang,
Avec leur âme et leur promesse.
C'était un couple ardent, et les kermesses
En étaient fières ;
Et ceux de leur bruyère
Citaient leur nom et l'arboraient
Comme un orgueil, lorsqu'on parlait, au cabaret,
Des garçons francs et des filles accortes.
Oh ! la bande de grands désirs fougueux,
Mais qui se dispersa comme un vol d'or aux cieux,
– Branches tortes, branches mortes –
À l'heure où les corbeaux des destinées
Descendirent, nombreux et noirs,
Dans le jardin des frais espoirs
Casser la plante en fleurs de leurs années.

– Branches tortes, branches mortes –
Ce fut la fin et le déclin
De l'amour sain comme la vie,
Ce fut la peine et le chagrin servis
À la table de leur bonheur
– Branches tortes, branches mortes –
Leurs corps usés leur faisaient peur :
Leur visage fut l'enseigne bizarre
De leur laideur et de leurs tares.
Ils devinrent petits, chétifs et gris,
Comme des rats et des souris,
Ils devinrent de menus gens qui trottent
Et qui radotent.

Les pauvres vieux se redisent cela,
À voix tremblante, à gestes las,
Ils en pleurent et se désolent
D'être si vite au bout de leurs paroles
Et de ne rien trouver
Qui les puisse du sort et de la mort
Sauver.

La neige au loin s'est mise à choir,
Petites flammes dans le soir,
Blanches petites flammes pour les mortes
Et pour les morts, par désespoir.

– Branches tortes, branches mortes –
Les pauvres vieux l'ont-ils sentie
Tomber sur eux, sournoise et alentie ?

Les pauvres vieux sont las et se sont tus,
Les pauvres vieux sont blancs et sans haleine,
Les pauvres vieux sont morts et devenus
– Branches tortes, branches mortes –
Ces deux noueux morceaux de bois
Qu'on voit, là-bas, au fond des plaines.

L'hiver est un grand bloc de froid,
Où sont sculptés clos et villages,
Avec leurs chemins creux et leurs sillages,
Avec des troncs taillés comme des corps, là-bas.

La Statuette

C'était un jeu de quilles
Dont la quille du milieu,
Peinte en rouge, peinte en bleu,
Était une statuette, faite
Au temps des Dieux.

Vénus, Diane ou bien Cybèle,
Aucun des vieux ne se rappelle
En quels lieux saints ou en quels bouges,
L'avaient prise des marins rouges,
Pour la revendre,
Voici cent ans, aux gens des Flandres.

Un marguillier disait : « C'est elle
Qui sous l'ancien curé,
Ornait le baldaquin de la chapelle.
Elle étalait un manteau d'or moiré
Comme la Vierge :
Ma mère a fait flamber maint cierge
Devant elle. »

Un autre avait entendu dire,
Par son père, qui le tenait
D'un maréchal du Saint-Empire,
Que l'image venait
De Rome ou peut-être d'Espagne.
On l'avait mise au carrefour, sous le tilleul,
Qui recouvrait, énorme et seul,
Quatre chemins dans la campagne.

Elle était bonne et vénérée
Jadis, par toute la contrée.
Des malades furent guéris
Grâce à son aide et son esprit
Et des paralytiques
Marchèrent.
Sans un vicaire despotique

Qui combattait, sur mer et terre,
Tous les païens prestiges,
Son nom éclaterait encor, pieux et saint,
En des recueils diocésains
Où l'on consigne les prodiges.

On la jeta,
La nuit, en plein courant, dans la rivière,
Mais le courant contraire
Obstinément la rapporta,
Aux pieds de la digue tranquille
Où ceux de Flandre et de Brabant luttaient aux quilles.

Elle était faite en bois plus dur
Que les moellons du mur ;
Et néanmoins elle était fine comme un vase
Et des roses ornaient sa base.

Quelques joueurs la sauvèrent, à marée haute.

On la planta, avec solennité,
Dans le milieu du jeu, un jour de Pentecôte,
Que les cloches s'interpellaient, de berge en berge,
Que les premiers soleils d'été
Brillaient et que les filles de l'auberge,
Sur des plateaux de cuivre et de lumière,
En bonnets frais et blancs, gaiement, servaient les bières.

Et tous applaudirent celui
Qui le premier, devant la foule,
D'un seul et large coup de boule,
L'abattit.

Et tous applaudirent aussi,
Ceux qui vinrent, après lui,
Et la couchèrent,
Cinq fois, par terre.

Mais brusquement, celui qui le premier
L'avait atteinte,
Pâlit : Son clos des *champs qui tintent*

Brûlait là-bas ; et les fumiers
Réverbéraient les crins rouge de l'incendie,
Dans leurs mares effrayamment grandies.

Et puis,
Huit jours plus tard, l'un des plus francs buveurs
Et des plus fiers vainqueurs au jeu de quilles,
Rentrant, chez lui, la nuit,
Trouva morte, sa fille devant sa porte.

Il ne pensa d'abord à rien ;
Mais il s'abstint
De s'en aller, chaque dimanche,
À l'auberge de la *Croix Blanche.*

Enfin,
Un jour que le jeune échevin
Rafla, d'un coup géant, le jeu entier,
L'aile gauche de son grenier
Dégringola dans le verger
Et tua net, le chien et le berger.

Depuis ce temps, la peur filtra dans les esprits,
Et la terreur souffla et la terreur grandit,
Quand on apprit
Que l'hôtesse de la *Croix Blanche,* allant
Quérir, le soir, sous l'appentis,
Du bois et des pailles pour la Saint-Jean,
Vit, dans l'ombre, flamboyer devant elle,
Les yeux en feu
De la statuette immortelle.

Le village trembla. Et le curé
Eut beau exorciser
Chaque quille, suivant les rites,
La paroisse ne le tint quitte,
Qu'au jour où l'étrange morceau de bois
Eut son royal manteau de belle étoffe
Et fut logé, comme autrefois,
Dans sa niche, près de l'autel de saint Christophe.

On déplaça le trop austère
Et turbulent vicaire ;
Les pratiques des anciens jours
Revécurent et reprirent leur cours ;
Et Cybèle, Vénus ou bien Diane
Mêla, comme jadis, sa puissance profane
Aux prodiges que saint Corneille
Faisait surgir de son orteil
Usé, depuis quels temps lointains,
Par les lèvres et par les mains
De l'innombrable espoir humain.

Notre-Dame au Manteau Froid

Chaque vesprée, à l'heure
Où l'Angelus, dans la tour, pleure,
On regardait venir de loin,
Un lumignon dorant son poing,
Le petit homme
Au teint de pomme.

Son lumignon illuminait ses chausses.
Le petit homme, avec sa bosse
Plantée, ainsi qu'un nez
Géant, dans son dos large et décharné,
Longeait le clos de Sainte-Gertrude,
Coupait la pente rude
Qui remonte jusqu'au beffroi :
Le petit homme, au teint de pomme,
Gagnait alors l'énorme échelle
Qui de là monte à la chapelle
De Notre-Dame au Manteau Froid.

Le petit homme un instant seul, là-haut,
Semblait pendu au mur, comme un carillon d'os,
Il conversait avec la Vierge,
Il lui disait
Les nouvelles de la cité
Et s'adressait à sa toute bonté
Avant que d'allumer son cierge.

Depuis des ans, il agissait ainsi.
Et des secours nombreux furent acquis
Grâce à son aide et son crédit.
La petite ville se confiait
À son pouvoir sûr et discret,
Il était son hérault, là-haut,
Près de la Dame,
Il allumait le chœur balbutiant de flammes
Autour du froid manteau.
On l'enviait, on le craignait, et les dévotes

Piquaient souvent son nom, sur les pelotes
De leurs parlotes.

Jamais il ne rentrait par le même chemin.
Il avait peur de ses voisins
Qui l'épiaient, au pas des portes.
Des suppliques si tenaces faisaient escorte
À sa fuite, jusque chez lui,
Qu'il se barricadait dans son logis,
Boutique obscure, établi sombre : un bouge
Où ses pâles et menus doigts
Ornaient de fleurs et de rinceaux, le bois
Humide et cru de sabots rouges.

Il était laid, mais son dos ridicule
Était, aux yeux des gens crédules,
La vraie armoire du bonheur.
Mie Hazewel l'aimait, avec ferveur,
C'était une rusée et benoîte personne
À l'œil finaud, au nez futé,
Qui savait l'art d'escamoter les hommes
De son côté.

Bien que cliente et que voisine,
Il ne la vit jamais
L'attendre et le guetter, quand il rentrait
Par le préau des Ursulines.
Elle affectait ne point savoir
Jusqu'où montait son grand pouvoir,
Si bien que, l'éprouvant obstinément discrète,
Lui-même il la poussait aux vœux et aux requêtes,
Dès qu'elle entrait chez lui, le samedi,
Mettre de l'ordre, dans sa boutique,
Et disposer, côte à côte, sur l'établi,
L'arroi luisant des sabots clairs et identiques.

Elle aimait bien la Vierge au Manteau Froid,
Elle aimait bien le petit homme,
Au teint de pomme,
Mais elle aimait surtout d'avoir à soi,
L'intercesseur si nettement utile

Que la bonne petite ville
Dépêchait, tous les soirs, un peu
Vers la puissance du bon Dieu.

À petits grains, à minces doses,
Elle poivra si vivement les choses,
Qu'il l'épousa à la Saint-Jean d'été.

La ville entière en fut fouettée,
Jusques au sang.
Un commérage emberlificoté
D'un tas d'avis et de propos contraires,
Gagna le séminaire ;
Et Sus, le fossoyeur, et Sas, le sacristain,
Ne s'en taisaient, soir ni matin ;
Le vieux quartier des *Trois Pucelles*
Ouvrit toute gifflante une querelle
Avec ceux du *Château d'Or*
Et le clergé s'en fut chez Monseigneur lui-même,
Percer à jour le stratagème
Et le sommer de donner tort.

On en voulait surtout à celle
Qui détournait, à son profit,
Celui
Que tout le monde avait choisi
Pour émissaire et pour appui.
On eût brûlé sa chair, comme infidèle,
Jadis, aux temps anciens, quand les bûchers
Dans un décor de vieux clochers,
Se déployaient, ainsi que des paons rouges.
À cette heure, faute de mieux, le soir,
On assiégeait son bouge ;
On l'insultait, massés sur son trottoir.
De vieux poêlons et d'antiques ferrailles
À bruit grinçant et fou, menaient autour
De son amour, bataille ;
On les jugeait : elle, catin, et lui, voleur !
Certains les accablaient sous la même fureur.
Ils accouraient, du fond de leurs impasses,

Poussant des cris, jetant des pierres,
Qu'on entendait heurter le toit, et choir, par masses
Dévalantes, dans la gouttière.
Portes et volets craquaient, les coups pleuvaient si forts
Qu'on eût dit une tempête des Nords,
Trouant et secouant la terre,
À pleins tonnerres.

Cela dura neuf soirs entiers,
Jusqu'au moment où Mandus Nol, le ferblantier,
Pour en finir, tassa devant la porte
Un feu géant de branches mortes.

Alors, selon l'usage, au premier coup
De l'heure en pleurs sur la paroisse,
Les yeux sournois, la voix narquoise,
Nol y jeta sa chatte et son matou ;
Et le minuit sonna son dernier coup.

Et ce fut un délire effrayamment obscène :
Les mains cherchant les mains, tous les voisins
Firent la chaîne,
Autour du feu de leur vengeance et de leur haine.
Ils ricanaient devant l'horreur
Des deux bêtes folles de peur,
Ils les voyaient dans le foyer grandir
Et, tout à coup, comme deux flammes,
Hors des flammes, bondir,
Le poil rouge, les regards fous,
Cherchant à fuir, n'importe où…
Les ruades et les poussées
Les repoussaient vers les flammes entrelacées.
La rue au loin illuminait de sang
Les carreaux verts des pignons blancs ;
Jusqu'à l'*Hôtel de la Guirlande*
Se déroulait la sarabande ;
Les dos houlaient, les pieds mordaient le sol,
On croyait voir des bras s'unir pour des viols
Quand des couples passaient et repassaient,
Devant les feux,
Avec toujours plus d'affre et de folie aux yeux.

La lassitude seule eut raison de la haine,
Filles et gars, les muscles mous
Tombaient, par paquets lourds, dans les égouts,
La ronde, à bout d'ardeur, rompait sa chaîne ;
Une suprême fois, les bêtes,
Loques en feu, buissons rouges, torches brandies,
Rebondirent de l'incendie,
Mais ceux du *Pré de l'Arbalète,*
Encor vaillants, repoussèrent, à coups de pieds,
Ce dernier bond, dans les brasiers.

Quand le matin s'en vint
Neutre et blafard, comme un linge déteint,
Se suspendre, le long des rues,
Mie Hazewel s'enfuit de la cité bourrue
Et plus jamais n'y reparut.
Le petit homme,
Au teint de pomme,
Sentit dès lors la mort descendre…
On aurait dit que d'un tamis
Tombait sur lui
De la poussière et de la cendre.
Il n'eut plus goût à rien ;
Ses sabots clairs raillaient sa vie et son chagrin ;
Le tamis gris de poussière et de cendre
Toujours plus lourd le surplombait,
Si bien, qu'un soir des mois mauvais,
À bout de force, il vint se pendre,
Au clou géant, qui maintenait
Droite, là-haut, contre le pignon droit,
La chapelle d'or et de flammes
De Notre-Dame au Manteau Froid.

Le Valet de Cœur

Au bal de la Reine de pique
Un valet rouge est aperçu.
« Toi, l'As, pourquoi l'avoir reçu
Par ta poterne trilobique ? »

Puisque Kato lui fut volée,
Il vient, le beau valet flamand,
D'un cabaret du port de Gand
Le cœur jaloux, l'âme brûlée,

Espionner, de point en point,
Ce bal d'ombres et de poupées
– Blason de sang, guivres crispées,
Et lions noirs sur son pourpoint. –

Le Roi de trèfle, un irritable
Mais beau soiffeur de vins gascons :
« À nous filles, brocs et chansons ! »
L'invite à honorer sa table,

Et conte, avec un élan fou,
Comment il prit, par fantaisie,
Ardent, mais plein de courtoisie,
La Dame et le Valet d'atout.

Quand Charles VII, le roi de France,
Le fit venir jusques Paris,
Il y parut si peu surpris,
Que le roi fit la révérence.

Au royaume des Bataclans
Son coup d'estoc fit tel tapage,
Que l'écho redit, d'âge en âge,
Ce coup porté, voici mille ans.

Le beau valet, vêtu de rouge
Malgré l'éloquence du roi
Et des gestes jetant l'effroi
Parmi les bouteilles, ne bouge.

Il regarde les gros galons
Courir sur la jaquette rousse
Et songe à l'*Uitzet* clair qui mousse,
Dans les pintes des buveurs blonds,

À Gand, chez Jan Terlinck, le riche
Mais obligeant patron de ceux
Qui débarquent, en habits bleus
Et toquets blancs, des mers d'Autriche.

Quand le valet s'en revenait
Chaque printemps, des Baléares,
– Tricorne en vair, plumes barbares –
Maître Terlinck l'entretenait

De sa fille Kato, la tendre
Et gente amie au regard clair,
Luisante et saine comme l'air,
La plus belle rose de Flandre.

« Un jour, il en sera l'époux,
Lui, le valet ! Sur la lanterne
Un peu vieille de la taverne
Leurs noms luiront hardis et fous. »

Le beau valet rêvait merveilles,
Il se voyait, large et replet,
Dans le mirage et le reflet
– Trôner – des brocs et des bouteilles.

Un lustre rouge incendierait
Le plafond d'or de ses extases :
Miroirs aux murs, fleurs en des vases,
Et seule, au clair du cabaret,

Kato, droite et superbe à rendre
Béants d'amour les plus distraits,
Pulpe grasse, pétales frais,
La plus belle rose de Flandre !

Ce joyeux rêve ornemental
Grandit à peine en sa pensée,

Qu'elle devint la fiancée
D'un gros bourgeois fondamental ;

Puis épousa la pléthorique
Fortune et les ronds yeux ardents
Et la palissade de dents
D'un bon prince venu d'Afrique.

Depuis, l'ayant cherchée au loin
Mais vainement, par la Hollande
Et par les ports de la Zélande
Où l'Escaut jaune aux mers se joint,

Dissimulant tous propos aigres,
Sur son bourreau fantasque et noir,
Le beau valet l'attend, ce soir,
Au bal paré des cartes nègres.

Sur des balcons lourds et cornus
Où se chamaillent quelques masques,
Il reconnaît tels gants fantasques
Et tels regards et de tels yeux nus

Et telle bouche avide et grosse
– « C'est lui ! » – dont les baisers malsains
Se promènent, parmi des seins
Et des roses de chair précoce.

Le beau valet, adroitement,
Met sa main preste, entre la lèvre
Et les fleurs de chair, dont il sèvre,
Par un soufflet, le noir amant.

Grand tapage, fiévreux tumulte !
Les dames fuient à cet affront,
On se bouscule, on s'interrompt.
À part, le Roi de trèfle exulte.

Il note chaque coup reçu ;
Et l'assaut vif, comme une étreinte,
Quand le valet attaque en quinte
Son ennemi pourpre et pansu.

Un coupé droit, ardent, lyrique,
Et l'épée âpre et nette atteint
Le torse d'or et de satin
Du bon prince, venu d'Afrique.

Ses yeux de jais semblent partir,
Son regard d'une ombre se couvre,
Mais de la bouche qui s'entrouvre
Le valet rouge entend sortir :

« À quoi bon vivre, ami, la porte
Et pour ton poing et pour le mien
Est close – et rien ne sert à rien,
Puisque Kato, notre âme, est morte.

» Tu m'as distrait par ton soufflet
D'une posthume ardeur galante
Et d'une pose nonchalante…
Merci – Ton coup d'estoc me plaît ! »

Il est parti, le Valet Rouge,
Tout à coup noir comme la nuit,
Avec un deuil si clos en lui,
Que sa face depuis ne bouge.

On ne sait plus quel gars il fut,
Ni quel éclair, ni quelle sève
Brûlait et nourrissait son glaive.
Il est celui qui va sans but,

Insoucieux de sa flamberge
Et de l'honneur d'être l'atout,
Quand Jean Terlinck commence en Août
Le whist du soir, en son auberge.

Jan Snul

La croix de paille est là, barrant la porte,
Signe de deuil : Jan Snul est mort.
Ses chiens hurlent ; le vent du Nord
Rafle leur plainte, et vers les bois, l'emporte.

Jan Snul ? Tant de saisons avaient tanné
Son front rugueux et raviné,
Qu'on donnait l'âge
Des vieux chemins à son visage.

Bougon et fruste, âcre et balourd,
Talons pesants et menton gourd,
Boudant les champs, boudant les fêtes,
Son cœur n'était profond que pour les bêtes.

Mais celles-là, comme il les aimait !
Et comme il les accoutumait
À son amour tenace,

Avec des gestes doux qui longuement assistent,
Avec des mots naïfs qui vivement insistent ;
L'hiver, les jours de pluie et de vent fou,
Quand le soleil, comme un paquet de haillons roux,
Est balayé, dans un coin de l'espace,
Son pauvre et vieux logis servait de rendez-vous
Pendant les chasses,
Aux daims, blaireaux, putois, renards et même aux loups.

À vivre ainsi d'une existence familière,
Avec tous ceux des trous et des tanières,
Avec tous ceux des champs et des forêts,
Jan Snul apparaissait,
Comme un antique et boucané satyre.
Rien n'éclatait qu'il ne comprît,
Dans leurs abois, ni dans leurs cris.
Il devinait ce qu'il fallait leur dire
Avant que la colère ou bien la peur

Ne provoquât leur fuite ou leur fureur,
Comme un brusque ouragan, à travers les broussailles.

Il était le berger de ces fauves ouailles ;
Il agissait, loin du village, en tapinois,
Et les odeurs violentes des bois,
Et les senteurs sexuelles et chaudes
Hantaient et saturaient ses blaudes.
Parfois, une tribu, la nuit,
De loups et de renards, venait à lui.

C'était l'été. La lune immense et pâle
Laissait tomber sa lumière lustrale ;
Il s'asseyait alors dans la clarté
Translucide de la plaine diamantée,
Les animaux frottaient leur front à ses genoux,
Et le vieux Snul prenait en ses deux mains leur tête,
Fixait ses yeux mouillés sur leurs yeux lents de bêtes,
Et dévorait, comme un amant, leurs regards doux.

Au mois des ruts, il s'enfermait seul avec elles,
À volets clos. C'étaient des fêtes solennelles
De violence et de bonté. L'homme brûlait
Du fruste et primitif instinct. Il se roulait
Parmi des lèchements et des caresses telles
Qu'il se croyait au temps des fables immortelles,
Où tout ce qui se tord de joie ou de douleur,
Sous les cieux nus, s'aimait d'une énorme ferveur.

Et maintenant, voici qu'il est parti
On ne sait où, vers l'infini.

Or depuis l'aube, à coups d'abois,
Ses chiens hurlent vers les grands bois
Et leur douleur augmente et se propage
Le soir, à travers champs, jusqu'aux derniers villages.

Renards et loups, daims et blaireaux, rats et putois
L'ont reconnue et l'ont enfin comprise.
Et tous partent, sous l'ouragan, dans la nuit grise,
Pattes folles, regards luisants, museau levé,

24

Ongles courbes, comme des becs,
Faisant un bruit de noyaux secs,
Jetés par tas, sur le pavé.

Et sur le seuil de la maison, le deuil
Toujours hurlant des chiens gardiens s'éplore encore,
Leur parle et les accueille.
« Il s'en alla subitement,
Sans rien dire, sait-on comment…
Voici la cendre encore tiède de l'âtre ;
Voici sa pipe, et son bâton de pâtre,
Et l'écuelle commune à tous, et son manteau.
Au jour levant, deux lourds corbeaux,
Ailes grandes, ainsi que des cisailles,
Ont obscurci l'espace et appelé les gens :
On a roulé le mort dans un drap blanc
Et disposé sur le chemin la croix de paille. »

Et les bêtes se sont mises à longuement
Flairer le mort et ses loques de vêtements
Et son bâton et son écuelle et la survie
Chaude encore de sa tendresse inassouvie
Pour leurs ardeurs et leurs instincts.
Leurs cris et leurs sanglots se sont éteints
En désespoir plus morne et n'ont repris leur force
Qu'à l'heure, où sont venus les fossoyeurs.

En un cercueil rugueux comme une écorce,
On a porté le mort
Dans la luisante herbée et le décor
Silencieux et vert des arbres funéraires.

Les bêtes voulurent veiller la nuit entière ;
Il en était venu d'autres à leur appel,
Des pays d'or et de fumée, où le Rupel
Sinue et des marais de la Durme flamande.
Le vieil Escaut avait fourni des bandes
De rats et de loutres, et les renards
Étaient sortis du château de César,
Dont la ruine illustre Rupelmonde.

Leur plainte et leur douleur sifflaient, comme des frondes ;
Leurs hurlements frappaient, comme des coups, l'écho ;
Ils dérangeaient, dans leur sommeil, les gens des eaux
Et s'exaltaient si forts, si têtus et si loin,
Que les pêcheurs d'aval, la hache au poing,
Attaquèrent ce deuil montant jusqu'aux étoiles.

L'ombre jetant, sur la lutte, ses voiles,
Bêtes et gens se déchiraient, sans voir
Le sang faire de la fange sur le sol noir
Et la haine brandir aux cieux ses flammes rousses.

Tous ceux du Bornhemsgat vinrent, à la rescousse :
Ils apportaient des socs et des marteaux,
Ils se ruaient, par blocs brutaux,
Quatre à quatre, dans la bataille.
Leur passage compact y laissait une entaille
Énorme : ils tailladaient et les bêtes mordaient.
Un molosse, le poil debout, les dents sauvages,
Saisit l'un d'eux et resserra sa rage,
Sur la nuque, comme un étau ;
Une loutre broyait la main du passeur d'eau ;
Les daims trouaient et renversaient, à coups de corne,
Les jarrets droits et durs, comme des bornes ;
Un marinier, le torse ouvert, mourut
Et les hommes cédaient, quand apparut
Dans le tumulte fou des colères scandées,
Au flux et au reflux des chocs et des bordées,
Ce monument de rouge et formidable ardeur,
Nel Frankenlap, sonneur de trompe et débardeur.

Il balaya, d'un seul élan, toute la troupe
Des renards roux, brisa leurs dents, broya leurs croupes
Et projeta leurs corps brisés et mous,
Comme un défi, vers la fureur des loups.

Alors, tel un trousseau de désespoir féroce,
Se tordirent, dans le combat, loups et colosse :
Sur ses jambes, ses bras, son dos,
Les animaux montaient : on entendait des os

26

Craquer et des cris noirs trouer l'espace.
Nel Frankenlap, avec sa masse
Et son couteau, frappait, comme un perdu,
Dans cet amas de haine et de hargne pendu
Autour de sa colère et de sa hargne.
Il amassait la force en lui, comme une épargne,
Et, brusquement, la dépensait, en de tels coups,
Qu'à chaque effort, il assommait un loup.
Parfois pour s'exalter ou varier ses crimes,
Ses doigts géants se refermaient sur sa victime
Et, d'un geste d'orgueil, il la lançait, en l'air.
Les morsures semblaient à peine ouvrir sa chair ;
On l'aurait cru bâti, pour déplacer les arches
D'un pont sonore, où grouillerait la Flandre en marche
Et contenir les cris, les rafales, les bonds
Du Nord entier, dans les poches de ses poumons.

Il décida du sort du combat rouge,
Avec un tel emportement,
Que les bêtes, honteusement,
Par les sentiers des prés, par le chemin des bouges,
Reculèrent, devant son large acharnement.

Toutes prirent la fuite et leur défaite
Se dérobait déjà, sous les taillis du bois,
Qu'au petit jour levant, le patron des *Trois Rois*
Héla le débardeur sanglant et lui fit fête.

La bière étincela dans les verres profonds ;
On but, comme aux temps d'or des sauvages kermesses,
Benedictus le sacristain, là-bas, sonnait la messe
Et l'on trinqua, d'après le rythme du bourdon.

Et depuis lors, sous l'herbe et les crucianelles,
Jan Snul écoute autour de lui, le temps couler,
Et, vers l'oubli, toujours plus loin se reculer
Le montueux aboi des bêtes fraternelles.

La Saint-Pierre

Les poils luisants, les crins lavés,
Dès le matin, les chevaux plaquent
Leurs sabots lourds, parmi les flaques
Du vieux pavé.

Des gars patauds et gauches,
Un mouchoir rouge autour du cou,
Les poings ornés d'un fouet de houx,
Les cravachent et les chevauchent.

Leur tumulte galope et s'exaspère :
Il fait trembler, en leurs châssis
Les carreaux verts, les carreaux gris,
Par où regardent les commères.

Autour des seuils
Les filles rient, les filles crient,
Et gaillardes font bon accueil
Aux gars, dont les blouses, au vent gonflées,
Semblent des ventres d'épousées.

La foule et sa houle les suit,
Les trois cloches luttent, à coups de bruit.
On chante. Et les hameaux et les bruyères
Drapeaux au clair, célèbrent la Saint-Pierre.

Près de l'église,
À la grille du cimetière ancien,
Les chevaucheurs s'immobilisent,
Attendant là que le doyen
Vienne, selon l'usage, appendre à la crinière
De leur monture, une oriflamme en papier peint,
Où de naïfs et violents dessins
Renseignent sur la légende,
En terre et mer flamandes,
De saint Pierre, apôtre et saint.

Or, tandis qu'ils attendent,
Soudain, là-bas, sur la digue d'Escaut,

Lance brillante et cimier haut,
Apparaît clair, dans la lumière,
Un cavalier.

Il a passé par la bruyère,
Il a passé par le hallier,
Son étalon est ferme et beau
Comme la tour de Saint-Rombault.
Son bouclier est translucide,
Comme une châsse en une abside.

Ses deux ailes semblent en feu.
Calme, la main en auvent sur les yeux,
Il regarde de loin la fête
Et, tout à coup, fouettant sa bête,
Après trois bons, l'arrête
À la grille du cimetière ancien.

Les gens s'enfuient, les chevaux ruent ;
Un tumulte massif se cabre dans les rues ;
Mais le doyen s'incline et dit une prière,
Devant le cavalier de flamme et de lumière
Dont l'armure porte la croix,
Dont le casque rayonne et dont les doigts
Tiennent l'épée, où le diable se tord
Et s'acharne, contre la mort.

Alors ceux qui s'étaient enfuis reviennent
Et les gens graves s'entretiennent :
– « C'est saint Michel qui vient du Ciel. »
– « À Bruxelles, sur la Grand-Place,
On voit l'éclair
De son glaive couper l'espace. »
– « Ses yeux sont clairs. »
– « Ils sont pareils
Aux diamants du vent et du soleil,
Sur la mer d'Ostende. »
– « Il luit sur les beffrois et les Maisons du Roi. »
– « S'il vient ici, c'est faveur grande. »
– « C'est un Archange, il est le Maître de la Foudre. »

Son étalon étant couvert de poudre,
Un gars lustra les flots de la crinière
Et le doyen y suspendit,
En récitant les mots prescrits,
La naïve et fragile bannière.

Une pièce d'argent fleurie
Tomba dans le plateau qu'un rouge enfant de chœur
Tendit au saint, avec ferveur.

Le bouclier darda ses aveuglantes armoiries ;
Le glaive ardent et exalté
Jeta son cri de force et de clarté,
Et d'un seul bond, le cavalier partit.

La foule encore frémissante suivit,
Les yeux béants, ce vol vers les nuées,
Et quand il ne fut plus
Qu'un tourbillon de feu, rué,
Là-haut, dans l'inconnu, vers le vertige,
Les commères s'exclamèrent sur le prodige :
« Est-il possible ! – et qui donc vit jamais
Un miracle aussi certain dans les palais ?
Lui, saint Michel, le Seigneur d'or des princes,
L'authentique patron des ducs de la province,
Lui, se mêler aux gens d'ici !

Lui seul est grand ! » Les commères parlaient ainsi,
Pieuses, mais frivoles,
Laissant ronfler le vieux moulin de leurs paroles,
Jusqu'au moment où le bedeau
Qui redoutait les protecteurs nouveaux
Leur répondit :
« C'est bien ; mais que dira saint Pierre ? »

L'enfant de chœur et le doyen
Étaient rentrés, et les bannières
Flottaient toutes, sur les chevaux des pèlerins.
Les cavaliers chantaient.
Ils portaient haut le torse, droite la tête,
Et les cloches triomphales battaient

Également, en galops fous, la fête
Et le départ caracolant des bêtes.

Le soir, on fit l'annuelle ripaille,
Dans les bouges fumeux et lourds,
Qui font le guet aux carrefours…
On s'y gava de lards et de tripailles ;
On y servit du sucre et de la bière forte
Aux étalons cabrés aux seuils des portes ;
Et pour marquer ces gros repas d'une virile
Estampille, après boire,
Les gars engrossèrent les filles.

Mais cette fois, le saint Michel autoritaire
Et foudroyant, sur son cheval de gloire,
Troubla si fort la joie et la mémoire,
Que tels buveurs ne voulurent s'en taire.
Fallait-il qu'il fût à l'avenir leur maître,
Lui, le cavalier d'or et de clarté
Au lieu du vieux saint Pierre, apôtre et prêtre ?
Fallait-il voir en ce prodige, apparenté
Aux miracles sacrés,
Une fête nouvelle à célébrer ?
La Saint-Michel tombe en Septembre
Lorsque déjà les jours sont courts
Et les feuilles couleur de l'ambre.
Le geste net d'un métayer goulu
Mit fin à l'entretien, et l'on conclut :
« C'est au doyen de se tirer d'affaire. »
Et la fête reprit sa fureur ordinaire.

Les jours après les jours passèrent,
Quand tout à coup les coups de boxe
Et les assauts des équinoxes
Ameutèrent les eaux et fendirent la terre.
Un orage grandit : les ravages couraient
De l'un à l'autre bout de la forêt.
Le vieux moulin, pauvre et branlant
Fut renversé, comme un enfant ;
La mort rôdait autour des chaumes,

Les tours semblaient de grands fantômes
Et l'on eût cru que le monde passait
Si, vers le soir, le saint Michel n'avait,
D'un grand geste d'épée, atténué
Les chocs mortels de la tempête et des nuées.

Il reparut vibrant et clair
Avec les grands serpents des feux et des éclairs
Dans sa dextre, captifs ;
Les cieux déments et convulsifs
Qui rugissaient au Nord, comme des dogues,
Furent domptés, et les vents rogues
Calmés. À l'horizon, d'un seul essor,
Sur les hameaux sauvés, bondit l'arc-en-ciel d'or.
La paix revint aux champs et le silence…
Et c'est alors qu'on vit, avec sa lance
Sur les cieux nus et merveilleux
Le saint Michel tracer une bannière en feu,
Modèle exact de celle
Que désormais, à l'automne nouvelle,
On lui dédie, en tels pays,
Avec les mêmes chants et les mêmes prières,
Qui solennisent la Saint-Pierre.

Le Ménétrier

Au coin du cimetière,
Où les anciens sont enterrés,
Un bout de croix, un plant de lierre,
Avec un nom : Miserere.

Miserere ! Miserere !
Était un grand ménétrier,
Avec un vieux violon rouge ;
Miserere, Miserere,
Qui trimballait sa vie et son métier,
De ferme en ferme, de bouge en bouge,
Et qui faisait virer,
Miserere,
Les gars et les bouviers carrés
Avec les gouges rondes et rouges.

Son archet clair mordait les cordes,
Comme les dents des amants mordent ;
Son violon, où s'acharnaient ses doigts,
Était pour lui
Celle dont son cœur avait fait choix, la nuit,
Parmi les hordes
Des couples gras et macérés
Dans la sueur de leur bonheur ;
Miserere !

Il enlevait du sol la danse,
Par blocs entiers de danseurs lourds,
Il la berçait de son amour,
Il la roulait, dans sa démence.

Il haletait, ainsi qu'un chien lié,
Ainsi qu'un chien jappant, au centre
Du branle ardent et orageux des ventres ;
Il remuait des reins, il tapageait des pieds :
C'était un maître, – et les villages
Au temps d'été, où les fêtes font rage
Le long du vieil Escaut flamand,

Se disputaient son art rouge et gourmand
De liesse immense et de fureur balourde.

Les commères l'aimaient :
Ses bourdes lourdes
D'un rire énorme les pâmaient ;
Ses mots salés les fondaient en délices :
Elles riaient de joie et se tapaient les cuisses
À l'entendre narrer les antiques fredaines
Du légendaire capitaine
Qui cultivait des fleurs aux plis de sa bedaine.

Miserere, Miserere !
Tant qu'il vécut, l'authentique levure
De paillardise et de mâle aventure,
Enfla les seins et bossua les bras,
De l'un à l'autre bout des pays gras.
Il allumait les tragiques kermesses,
Avec le feu des ruts, avec l'huile des graisses
Et l'on riait de ceux
Qui le jugeaient au fond morose et malchanceux,
Et pauvre et triste,
Et miséreux, comme un saint Jean-Baptiste.

Il trépassa, tel soir de fête
Quand s'ameutaient au loin la danse et ses tempêtes.

On enfouit profondément son corps,
Mais chaque année, au jour des morts,
Miserere sortait de la terre bénite
Pour célébrer le deuil, suivant son rite.

Un échevin rentrant fort tard chez soi,
L'avait surpris, livide et froid
Dans les chemins du cimetière.
Il réveillait les trépassés au fond des bières :
Judoca Vet au cœur de braise, Ursula Knolle
Massive en seins, leste en paroles,
Et Wanne et Mie, et le sonneur,
Et Sas Terbanck, la grande trogne,
Et Sus Pulinckx, le doux ivrogne,

Et Lamme-Jan, et Pieter Nol le ramoneur
Dont la voix sourde et bruinée
Chantait là-haut, au bord des vieilles cheminées.

Voici : Comme des rats et des souris,
Les morts trottaient en linceuls gris
Autour des tombes ruinées.
Les belles chairs en charognes muées
Les seins flasques, les ventres lourds,
Se démenaient encore, autour
Du vieux ménétrier dont s'allumaient les rages.
Ses dents blanches illuminaient tout son visage.
Pour violon, il empoignait sa croix,
Il la raclait avec un os. Sa voix
Comme autrefois criait aux filles et aux drilles :
« Brûlez vos corps au feu de mon quadrille ;
Chauffez, léchez et mordez-vous ;
Les fous sont rois, les morts sont fous ! »

Ils sont tous là, carillon d'os,
Qui se cognent du ventre et se poussent du dos,
Miserere les bat avec la trique
Formidable de sa musique.
La neige étant venue à choir,
Loques blanches sur le sol noir,
Leur sauterie est comme un sacrilège
Bondi, hors de la terre et de la neige.
Le bourg sommeille au loin et n'ose pas
Les surveiller dans leur sabbat.
Le rut gagne, de proche en proche ;
Les dents mordent et les côtes s'accrochent ;
Des nerfs et des muscles crispés,
Pendent rompus, pendent coupés,
Au long des couples fous qui piétinent leurs tombes.
Bloc par bloc, les coups du minuit tombent,
Mais rien ne ralentit l'assaut rageur
De Jan Terbanck ni du sonneur ;
Ils sont les brigands noirs lâchés, parmi la fête
Grimaçante de ces tempêtes ;
Ils n'ont aucun dégoût, aucun remords,

La vie étant mangée, ils entament la mort.
Mie et Wanne, comme autrefois, au fond des bouges
Sont leur butin et sont leurs gouges ;
Judoca Vet tient au vieux Nol
Comme les racines plongent au sol ;
Ils se bourrent de coups pour se distraire
D'avoir dormi si mornes sous la terre,
Tandis que dans un coin, Lamme, le tors,
Tente Ursula pour qu'elle se donne
À sa luxure âpre et bouffonne,
Avec les trous de tout son corps.

Miserere, sous la neige qui pleure,
Fouette ainsi, pendant des heures,
Sa propre rage en la rage de tous.
Sa peine et son chagrin se sont dissous,
À voir ces ruts et ces gaietés posthumes,
Que sa tristesse exhume,
Rire du désespoir et se moquer du sort.
Les flocons blancs tombent si fort,
Que leur danse, dans les ténèbres,
Se mêle immensément à la danse des morts,
Et multiplie à l'infini
Le branle fou des kermesses funèbres.

Enfin, quand paraît l'aube,
Et que l'exact et probe
Benedictus, sonneur et sacristain,
Ouvre l'église, le matin,
Les morts à la hâte reviennent
Vers leurs tombes quotidiennes ;
Les uns en bandes et d'autres seuls,
Avec un pâle et frais linceul
De neige autour des côtes.
Et le ménétrier est comme un hôte
Qui mène à leur couche, chacun
De ses pâles et vieux amis défunts.

Au coin du cimetière
Où les anciens sont enterrés,

Un bois de croix, un plant de terre
Avec un nom : Miserere !

Kleudde

L'échevin Sixte était un homme,
À se damner pour une pomme
Rare, qu'il n'eût pu s'adjuger
Ni cultiver, dans son verger.

Il groupait là toutes les races ;
Et ses pommes fortes et grasses,
Comme des poings multipliés,
Gardaient l'orgueil des espaliers.

On en voyait dans les ramures
Gonfler leurs chairs pourpres et mûres ;
Le feuillage mouillé lavait,
À coups de langue, leur duvet.

On en voyait comme des plaies
Rayonnantes, au long des haies ;
D'autres, comme des seins lascifs
S'illuminaient, par les massifs.

Toute une automne en ors et ambres
Dans les troncs fous tordait ses membres
Et les gonflait, lourds et vermeils,
Sous la luxure des soleils,

Si bellement, qu'un rut de gouge
Se dégageait du verger rouge,
Dont l'échevin Sixtus Van Mol
Incendiait les flancs du sol.

Une muraille âpre et sévère
Dentée, en haut, d'éclats de verre,
Le séparait du strict jardin
D'un monastère bernardin,

Où des fruits purs, des fruits dociles,
Des fruits choisis pour ces asiles
De réguliers et saints bonheurs,
Se suspendaient comme des cœurs.

En des arbres taillés en cônes,
Ils dévoilaient leurs ors d'icônes ;
Ils croissaient nets et textuels,
Selon des vœux perpétuels.

Ils semblaient faits pour la main ronde
De l'Enfançon qui tient le monde ;
Leurs tons lisses étaient tiédis
Par des clartés de paradis.

On en voyait pendre en guirlande,
Sur des fleurs pâles de Hollande ;
Il s'en mirait au bénitier
– Mousse et granit – d'un vieux sentier.

Les doux oblats, sous la tonnelle,
Glorifiaient l'âme éternelle ;
Les doigts rejoints, les yeux mi-clos,
Le Christ passait par cet enclos.

La terre y était bonne : un moine
L'avait reçue en patrimoine,
Jadis, au temps diocésain,
Quand chaque évêque était un saint.

Or, il se fit qu'un fruit étrange
Qu'aucun texte connu ne range,
Parmi les fruits que l'on décrit,
Poussait – cœur vierge ou cœur contrit –

Contre le mur denté de verre
Qui séparait le clos sévère
Et le jardin paisible et blanc
Du verger rouge et violent.

Oh ! maintes fois l'échevin Sixte
Vola, du haut de ce mur mixte,
Chez ses voisins silencieux,
Ce fruit qu'il eût ravi aux cieux.

Mais, il se refusait à croître,
Sitôt planté, hors de son cloître,

Dans un terrain gras et luisant,
Où les pommes semblaient du sang.

Sixte comprit Tardent outrage…
À chaque échec, un flot de rage
Montant de son orgueil, s'en vint
Gonfler son cœur d'âcre levain.

Son âme, un jour, s'en prit aux prêtres.
– Oh ! ces naïfs qui sont des traîtres ! –
Il souhaitait qu'un vent soudain
Tuât leur cloître et leur jardin.

Son vœu flamba, comme une paille ;
Pourtant, un soir d'ample ripaille,
Lorsque Sixtus revint chez lui,
Kleudde, l'esprit joyeux, qui suit

Les ivrognes des nuits flamandes,
Vêtu d'ouate, ceint de calmandes,
Fantôme en laine, être en coton,
Sur son épaule, à cropeton

Sauta. Van Mol l'entendit dire :
« Je sais un clos où tu vois luire
Des fruits rares, mais interdits
À tes espoirs roux et hardis.

Comme un Kobold je vis sous terre,
Auprès de l'arbre autoritaire,
Qui ne veut pas, sur mon conseil,
Pommeler d'or ton clos vermeil.

Je suis ton maître – et par la crainte
Folle dont ton âme est étreinte
À cette heure, je suis ton roi,
Obéis donc et marche droit. »

Sixtus Van Mol, plus mol que cire,
Par bravade, se mit à rire,
Mais Kleudde-Jan n'écouta pas
Ce rire, faux comme un faux pas.

40

Quoi qu'il en eût, l'échevin ivre
Le dos en deux, comme un vieux livre,
Dut transporter jusque chez lui
Son compagnon et son ennui.

Après des chutes solennelles,
En des fourrés, en des venelles,
Après des cris et des jurons
Et de grands gestes fanfarons,

Le couple enfin heurta la porte
Aveugle et sourde, en la nuit morte,
Et le vieux mur de désespoir
Qui bossuait l'horizon noir.

Quand Kleudde-Jan mit pied à terre,
Il prit un ton protestataire
De vive et soudaine amitié.
Eut-il mépris ? Eut-il pitié ?

On ne sait pas. Mais, dès cette heure,
La force et la ruse majeure
Qu'il n'employait jamais en vain,
Travaillèrent pour l'échevin.

Laissant dans le terreau molasse
Croître le tronc, bien à sa place,
Il en courba les rameaux longs
Ongles tournés vers les moellons.

Avec l'aide savant des mousses,
Les bourgeons neufs, les jeunes pousses
Entre les joints, comme en du brou,
Patiemment, firent leur trou.

En quelques mois, l'œuvre était faite.
L'octobre d'or chanta la fête
Du fruit superbement pendu
Sur l'autre pan du mur fendu.

Le vent heureux, l'air vibratoire,
Les oiseaux fous chantaient victoire,

Sixte en monta, jusqu'au zénith
De son orgueil et rajeunit.

Il fit sa paix avec les prêtres.
On le voyait, à ses fenêtres
Pendre du buis et du housset
Quand la procession passait.

Il hébergea dans sa cuisine,
Sans défiance et sans lésine,
Le Kleudde-Jan dont il titrait
L'omnipotence et le secret.

Et par les soirs d'ombre et de pluie,
Quand l'hiver sale aux murs s'essuie,
Près des tisons échafaudés,
Kleudde et Sixtus jouaient aux dés.

La Sorcière

La sorcière s'était assise
Un soir de vêpres, à l'église,
Sans qu'il la remarquât, en tapinois,
Derrière Armenz Van Kelle. Au coin du bois,
En revenant, à la lueur de sa lanterne,
Il la surprit. Enfin, près de sa ferme,
Elle apparut encore. Et c'est alors
Qu'elle lui jeta, traîtreusement,
Du bout des doigts, du bout des lèvres,
– Sut-il jamais comment ? –
La fièvre.

« Oh ! la canaille, oh ! la damnée,
Avec ses mains ratatinées. »

Il s'en alla pendant neuf jours,
Vers la Dame de Bon Secours ;
Il appendit sa jarretière
Au grand tilleul de la bruyère,
Et chaque fois, pour se guérir, s'enfuit
À travers plaine, à perdre haleine
Jusque chez lui.

« Oh ! la canaille, oh ! la damnée,
Avec ses yeux en fleurs fanées ! »

Dans une anse du Vieil Escaut,
Où les doigts d'ombre et d'or de l'eau,
Les soirs de vent,
Jonglent avec la lune,
Elle file, sous un auvent,
Près de son bouge, à murs branlants,
Dont le mystère est sa fortune.

On ignore l'âge qu'elle a ;
Suivant qu'on l'aime ou bien qu'elle aime,
Elle est une autre, elle est la même,
On ne sait plus, on ne sait pas.

Elle a deux chiens, elle a trois chats,
Elle possède une kyrielle de rats
Qui font bon ménage avec elle
Et son écuelle.

« Oh ! la canaille, oh ! la damnée,
Avec sa tête hallucinée ! »

Qu'on la craigne, qu'on la repousse,
Qu'on soit peureux, qu'on soit altier,
Quand elle entame un mâle, elle le mange : entier
Son désir crû ne s'alentit, ni ne s'émousse ;
Seul la tente l'amour si goulument mordu,
Avec les dents méchantes de son masque,
Seul l'excite le rut si fortement tordu,
La nuit, qu'il n'est plus rien que linges flasques
Séchant à l'arbre, après l'orage et les bourrasques.

« Oh ! la canaille, oh ! la damnée !
Avec ses rages effrénées ! »

Armenz Van Kelle est un fermier,
Planté, dans la santé,
Comme un pommier,
En des vergers superbes.
Ses dix enfants sont frais comme ses herbes ;
Sa femme est douce et obstinée
Et tient, d'un poing tranquille et fort, sa maisonnée.
Lorsque chez eux, le mauvais sort entra,
Les neuvaines l'y suivirent pendant des mois,
Mais quoi qu'on fit, le mal s'accrut et s'empira
Si bien que, malgré soi, l'homme pantois
Un soir, s'en vint trouver la sournoise sorcière.

Elle accueillit sa peur et sa prière.
« C'était pas vrai ce qu'il croyait ;
Elle qui tant l'aimait
Lui insuffler cette fièvre maligne ?
C'est sa femme qui lui porte la guigne…
Comment ! avoir pour mâle un tel homme

Et ne trouver pour le guérir, pas un atome
De remède qui tout à coup lui vienne en aide.
Voici deux plantes rares
La terre en est avare ;
Il faut les prendre, en même temps,
Homme et femme, elle et lui, lorsque le soir s'étend
Comme un tablier d'or, sur la bruyère chaude. »

Ils les prirent en se tenant les mains.
Puis il s'en fut, par les chemins,
Le dos fuyant, comme en maraude.

Il attendit. Le filtre était puissant.
Armenz sentit l'angoisse arder son sang ;
Du fond de l'être, il écoutait monter
Vers son vouloir violenté,
Le sourd travail de l'effrayant breuvage.
Les chiens jappants, les boucs lascifs, les loups sauvages
Mordaient son rêve ; il pantelait.
Il se voyait roulé, comme un galet,
Dans un vent fou, dans un tourbillon rouge ;
Le soir, il s'attardait à boire, au fond des bouges,
Et revenait chez lui, la nuit,
Les yeux luisants, les poings farouches,
Les jurons roux incendiant sa bouche.

Sa femme, avec terreur, le regardait souffrir,
Impuissante, ne sachant point que faire
Pour reployer les houx dardés de sa colère.

Nul des voisins n'osait le secourir.
Une constante et terrible malévolence
Semblait frôler la ferme, et l'effrayant silence
La surplombait, quand l'homme était parti.

L'été passa, l'automne, à son tour, s'engloutit,
Et la sorcière, au fond des brumes,
Patiemment, guidait toujours,
À travers nuits, à travers jours,
Le vol obscur de son amour vers la ruine.

« Oh la canaille ! oh la damnée !
Avec son âme empoisonnée ! »

Ce fut la fin, pourtant, un soir d'hiver.
Une lune de fiel aspergeait l'air
De sa lumière verte ;
La sorcière guettait, la porte ouverte,
Le pauvre fou qu'elle embrasait, là-bas.
Enfin, à grande voix, elle appela
Ce désespoir errant et violent vers elle.
Et l'homme alors bondit – et leurs rages rebelles
Se mêlèrent, soudain, dans de telles fureurs,
Que les bêtes d'Escaut en hurlèrent de peur,
La nuit, sous l'œil dardé des étoiles mauvaises.

Nœud d'épines, buissons de clous, pointes et braises !
Toute la haine et tout l'amour mêlés
S'accouplèrent dans ce logis, gonflé
De sortilèges noirs et de rouges folies.
Les chiens, le museau droit, venaient flairer la lie
Qui découlait de ce péché ; les chats prudents
Fixaient sur lui, de loin, leurs yeux ardents
Et miaulaient, dans les ténèbres lourdes.
Les rats et les souris criaient ; sous les falourdes,
Mille bruits, secs comme des crépitements
Criblaient les murs de leur fourmillement ;
Le toit grinçait et l'on eût dit que la chaumière
Tremblait du sol au faîte et souffrait tout entière.

Et ce furent des heurts profonds, des assauts fous,
Des baisers crus, donnés comme des coups,
Des seins tordus, sous des lèvres de fer,
Un ravage d'amour, par les champs de la chair,
Des blocs de rut cassant la force
Des bouches et des bras, des ventres et des torses ;
Aucun repos. L'instinct était la flamme
Qui consumait ces corps jusque dans l'âme :
Ensemble ils dévoraient le cœur de leur désir.
Oh ! ce rêve longtemps aimé : saisir
En un étau d'extrême et convulsif effort,

46

Toute la vie, afin d'en extraire la mort !
Se désirer pour s'étouffer, vriller sa rage,
Comme un hérissement de vis sauvages,
Par à travers les os de son plaisir terrible !
Être à la fois l'un pour l'autre flèches et cibles,
Poison et miel, blessure et baume, alcool et vin ;
Mordre sa proie et ne l'abandonner enfin
Qu'après le coup de dent qui lui ouvre la tombe !

Tous deux, à l'heure où l'aube plombe
Les champs flamands de ses brouillards,
Les doigts crispés en des gestes hagards,
Le corps pillé, l'œil sans lumière,
Furent trouvés nus et défunts, dans la chaumière.
Les chats, les chiens, les rats s'étaient enfuis,
À bons velus, parmi la nuit,
Et doucement se lamentaient au bord du fleuve ;
Les tours et leurs bourdons pleuraient comme des veuves,
De loin en loin, et sur le seuil d'Armenz le fol,
Un arbre, abattu net, fendait le sol.

Dans un coin morne et condamné,
On enterra, côte à côte, les morts damnés.

Les fils d'Armenz seuls y prièrent.
Et le printemps venu, ils y plantèrent
Quelques roses, les plus simples de leur bruyère.

Mais la moindre s'étiola,
Tellement les deux morts qui dormaient là,
Brûlaient encore, du fond de leur misère,
La sève et la santé qui font verdir la terre.